카츠미카
カツミカ

카츠미카 カツミカ

초판 1쇄 발행 2021년 12월 25일

지은이 카츠미카
펴낸이 장길수
펴낸곳 지식과감성#
출판등록 제2012-000081호

교정 정은지
디자인 윤혜성
편집 윤혜성
검수 김우연, 윤혜성
마케팅 고은빛, 정연우

주소 서울시 금천구 벚꽃로298 대륭포스트타워6차 1212호
전화 070-4651-3730~4
팩스 070-4325-7006
이메일 ksbookup@naver.com
홈페이지 www.knsbookup.com

ISBN 979-11-392-0247-2(03810)
값 12,000원

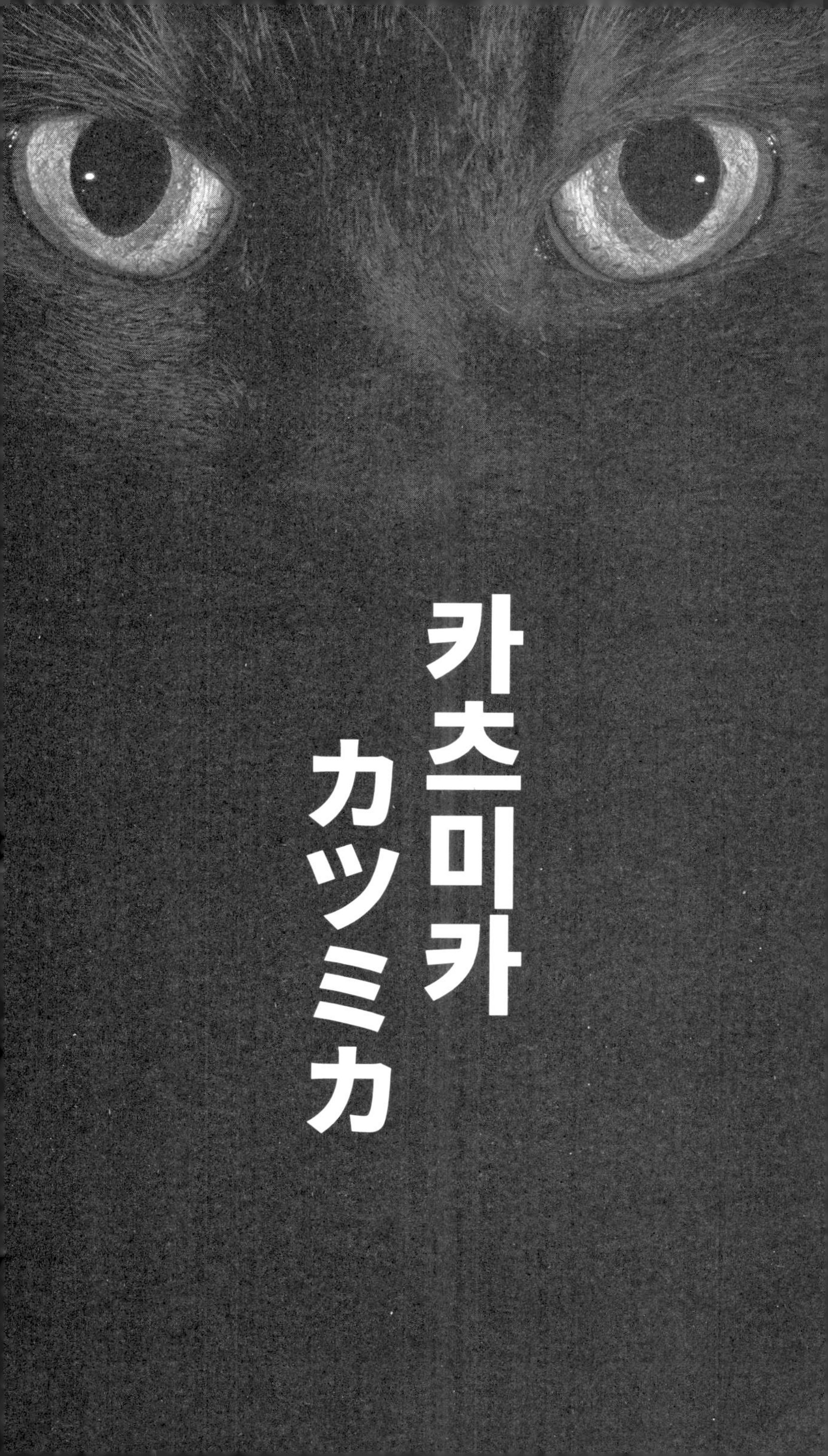
카츠미카
カツミカ

차례

カツミカ

너의눈에반한난무턱대고널데려왔어

페르시안오드아일신기한듯가진거야

화를내고겁을주며날사랑하라고했던

이해하지않았지너에게강요한많은날

몰랐어너의마음은숨어버린한숨인걸

난널죽였어누구에게도가지못하도록

용서받을순없지만용서를구해야하는

너의이름으로기도하는죄를받은거야

카츠미카넌날구원해주려왔던거구나

カツミカ

Catsmika
2019년 01월 29일 13시

마음을다해사과해라멍충아

아끼다놓쳤다심하게바보

선술집의소주로널꼬셨듯

지나가는버스처럼보냈다

택시타고쫓아가면잡을까

머리는싸울때나쓰는거니

어디서수작질만배운거야

사과는아침보약인거알아

저녁에먹은건널죽일거야

놔주지말았어야했다는걸

놓치고서알게되지멍충아

사과를했어야지가슴깊이

배놔라감놔라따지지말고

Catsmika
2015년 09월 20일 00시

_^웃으니안아줘

널잊었어닮아가고싶은데
잃었어생각나는게없더라
어려운일이라더니이건뭐
아주많이혼날것같아그치

에라모르겠다날안아주라

Catsmika
2016년 06월 25일 08시

엽서로만난에펠

피앙새는뮤즈가되고싶다

뮤즈는피앙새가되고싶다

다른둘이서하나가되려한

내안의독한놈을만나기뻐

들키지않으려숨기기힘든

어젠미치지않으려버렸지

오늘은미치고싶어불렀다

내일너와이별해야하거든

Catsmika
2017년 02월 22일 00시

맨하탄과일가게딸내미

복숭아살구가좋아석류가좋아
너에게서나는과일냄새가좋아
바나나를먹던입술로날불렀지

꼼짝할수없는두려운웃음이나
어려운문제를풀듯네게집중해
사랑이라는걸하는걸까의심해

돌아갈까먼길이무섭다며안겨
네게서나는과일냄새가난좋아
복숭아살구꽃같은화장이좋아
수줍은듯떨군고개를들고웃어
잘익은석류를먹을거야빠알간

사랑이라는거짓말을했다우린
배꽃처럼벚꽃을피우고불렀지
매화꽃보다복숭아꽃을보여줘

모두사실이아니야넌나만봐라

모두사실이아니야난너만보여

muse kim h m

Catsmika
2017년 03월 10일 01시

끝내야시작할수있는걸

아직시작전첫구절을생각하지못했다

손줘봐널안고싶지만오늘은여기까지
따듯하길기대하는것처럼너도그럴까
모르는사람인걸알아두려워할이유도
바라본눈끝까지견딜수있을까설레임
한번의포옹기대하지않으려는망설임

파마를하고빨간머리를선물해줄거운

달빛가득채운강가를거닐며바라본너

창포물감은머리향내가아름답다소녀

Catsmika
2017년 04월 29일 13시

Faded

보이지않는다고널잊은건아냐
네게보여줄수있는내가없을뿐
네가매일웃어줄수있을지물어
넌고개를떨구고보이지않지만
알수없는것도아니야슬픈시간
거리를미친듯이달리는나를봐
안아줄수있는것은네게가는꿈
손내밀어줘잡아당길수있게해
눈을감았다며보이지않는단다
믿을수없는건데주책없다는난
돌아갈길이내키지않는다면서
보이지않는색바랜사진을본다
색이바랬다는건너와의시간이
아름다운향내로남았다는거다

Catsmika
2017년 06월 22일 03시

퇴근길여보

달뜨는걸봤어네생각이나더라

해가떨어지는퇴근길에만났던

지금하곤너무나달라서였는지

눈물이나더라고개숙인버스안

아이가내게보낸엄마라는이름

네게가는길이라간신히참았다

Catsmika
2017년 07월 17일 13시

북극성으로가자

걸어가는길이멀다웃었어
추운건문제안된다는웃음
같이가던친구가사라져도
울진않을거야눈물이얼어
심장을찌르는고드름처럼
내게또다시추억이될까봐

Catsmika
2017년 07월 20일 12시

했던일들에대한생각

있잖아그거알아위로해주고싶었어
토닥토닥그냥그렇게말하지않아도

아주가끔날이기기도하지만쓰레기
마음속네가알고있는나쁜놈은아냐

널위한다는핑계로위로받았던어제

오늘은널속였던벌을받고있는거라

내일은아름다워야할거라믿고있어

했던일들에대한생각이깨달음일까
뉘우침으로괴롭고돌아가고싶은걸

참아내야하는것이내가내게내린벌

Catsmika
2018년 06월 20일 13시

감자밭에서주운양배추인형

안아줄거라그랬지외로울거라고말했어

널생각하는사랑은짧아지는시간도싫고

생각하고생각해서눈물마를여유도없어

믿을수없는지넌항상행복하게웃어준다

그거알아널그리는날이면찾아오는향내

숨쉴수없을정도로벅찬봄날저녁의벚꽃

외로운날그리운저녁안아주고픈사랑아

Catsmika
2018년 06월 20일 13시

제기랄벚꽃이피려해

한번뿐이라는거짓말을했어
널못보게된날부터계속해서
미친듯이기억하려는날보며
하루도잊어버리지않으려고
널그리고그려서지워버린봄
벚꽃핀길을피해진달랩본다

벚꽃핀꽃길보다떠난네가더
손들어불러볼수있을까물어

Catsmika
2018년 06월 20일 13시

아름답다넌

널지운다고지워지는거라면
날사랑하지못했다는걸믿어

어디까지날다날려버릴거야
바람처럼모래를날리듯넘어
다가갈수있을것같은신기루
웃음꽃이핀얼굴처럼고왔지
사랑그말이듣고싶었던거야
여태뭐했냐묻고싶었던얼굴
가만히안아줄걸그랬어그치

알아화내고돌아간그길그래

Catsmika
2018년 06월 20일 13시

몸살이라는핑계로눌러앉아

아파널만나러가야하는데아프다
아직만나지못했는데벌써부터난

가야할길이기억나지않아네게서
하루종일떠나지못해잡혀있었지

마음이떨어진시간널향한그리움
네겐절대로다가가지못할걸알아
보내주지않을거라말하고감추는
어리석은마음은알아줄거라믿어

네게보내려고흘린눈물이아니다

아프다널떠나가야한다는데아파
아직도착도못했는데갈곳도없다

Catsmika
2018년 06월 20일 00시

Rewind

지금네게가는길을걸어

너도이길을걸었을테지
알수있어바람이차가운
날반기지않은시선들이
어지럽게빙돌아날본다
네눈동자를상상하는난
걸어가고있다행복한날
어깨를스치듯지날테지
알수있어향수를기억해
멀어질수록다가가려고
미쳐가널닮아가는시간
틴트를루주처럼바르지
걸어가널닮으려생각해
날포기한마음인건알아
울어줄까바라본기억속
넌언제나날보고웃는데
날포기하지말아맘대로
사랑하게두지않아도돼
바라보게하지않아도돼
기억하게남지않아도돼

걸어가는길만감추지마

Catsmika
2018년 06월 20일 00시

미친거라그래서믿었다

사랑한다는널보내고
사랑하지않는다는널
돌아오라고붙잡던날

마음속에감추고내가

바람처럼휘몰아갈까

잃을수없어널부른다
어쩔수없었다지만넌
내겐매일다가오는꿈

하루종일만나는사람

Catsmika
2018년 06월 20일 00시

마음의안테나가없다는개소리

기다릴거라말하면기다려야한다

거친바람뺏속을스미는피멍처럼
너에게무조건사랑한다며항복한
심장을멈추고피를끊는것처럼널
밀어낼수있을지시험하는일을난
숨을쉴때마다숨빗소리처럼뱉어

오래전떠난날사랑한단소릴찾아
잡아낼수있을까작아지고있던걸

마음속안테나를키워야할거같아

높이올라가넓게펼치고널기다려

Catsmika
2018년 06월 20일 13시

눈처럼내리는비처럼내리는눈

기억할까오지않을거라고말했다는걸
넌항상잃어버리곤날찾아오곤했는데
이번엔잃어버리지않으려노력하나봐
난기억하지않으려이렇게술을마셔도
눈을떠하루가지나면처음부터시작돼
눈속을달려터널을지나네가있는바다
바라볼수록눈을감고달려가고있는널
끝까지바라볼수있도록내버려둔배려
달려가바람을앞서는것처럼빠른마음
골짜기를지난차가운겨울바람처럼널
태우고바다로가모래사장만큼눈내린
바다를달린다바람처럼바다를달린다

Catsmika
2018년 06월 20일 13시

고속버스는환승되지않아

갈거야매번그렇게속이더니
이렇게사라지고나면웃을까
간줄도모르고희희낙락거릴
네얼굴생각하다울어버릴놈
눈물로채운소주에취해잔다
뭐가그리좋은지웃고자는날
하늘가득봄비내리듯슬프다
지나면잡을수없는버스처럼
기다리면새로오겠지만다른
널닮은널데리고널쫓아갈뿐
환승되지않아갈아탈수없다

Catsmika
2018년 06월 20일 13시

아플까아니지넌행복할거야

잃었다면찾을수있겠지만

지웠다면기억할수있을까

쳐다볼수있는건사랑이고

훔쳐볼수있는건집착이라

누가정해주고간건지모를

떠나고싶어안달난아이는

내손을잡고기도하는친절

Catsmika
2018년 06월 20일 14시

그런거구나난그래

사랑합니다안아주실건가요

입술가득지워내지못한틴트
눈동자가득품어간직한퍼퓸
거짓말인데진실보다정직한
렌즈뒤로숨겨보여줄수없는
입술을내어주고가슴을받아
눈물방울흘리고미친거라는

안아주실건가요사랑합니다

Catsmika
2018년 06월 20일 14시

연인인데아픈건네가남자라서다

내가네게로간오후
나는네게잘보이려

거울속의나를꺼내
방긋웃는너를샀다

네가내게로온저녁
빨간하이힐이쁘다
연꽃핀연못가에서
복숭아향내가난다

네가오고내가간다

내가가고네가온다

잡았던손놓고서는
악수를청하는친절

Catsmika
2018년 06월 20일 14시

트렌스젠더로남기는싫지

솔직히말할게난옷이많아
네옷을입고널흉내내는걸
어디까지닮아야널가질까
그러지마아픈게아냐나빠
웃어준다더니밀어내싫어
목소릴바꿔서널부를까봐
들어줄래나의노래가뭔지
입술을열어내마음을먹어
그곳에어떤게들어있는지
독을삼켰다면죽겠지만넌
날알게될거야사랑이란걸
미안하지만널가져야겠어
어디까지닮아야널가질까
어디까지버려야날찾을까
아픈게아니라날갖는거야
사랑한다는걸로막하지마

Catsmika
2019년 01월 11일 16시

프롤로그

함잡이와눈이맞아도망간여자

혼례를치르기전가출한여자를

도장만남기고사라졌다고웃음

실종전단지에넣어줄영정사진

Catsmika
1993년 11월 11일 11시

접촉

소리내는것도

바라보는것도

안아주는것도

모두내가네게

부딪치는거다

사랑하는것도

Catsmika
2018년 06월 22일 20시

참아련하다

널알아낼수있을까슬프다

항상너에게물어보는내가

Catsmika
2018년 07월 03일 01시

시작할까그거

홀리려거든눈을크게뜨고
널향해웃어주어야만하지
네가좋아하는소리를하곤
깊은한숨도네겐아름답게
보여주며시작해야하겠지
볼거야같이가자면웃겠지
어울리는얼굴을찾으려면
두손을모으고기도해야해
한번인거야부서지는마음
널부수고날넣어둬야하는
걸어갈수있을까널붙잡고
아름다울거야햇살처럼넌
바닐라향가득채워오겠지
난아이스크림체리블라썸
입술가득묻히고널유혹해
사각사각베어문사과향기
어쩌면널나에게선물할까
어쩌려구겁많은나이에널
뭐가어때그럴나이였구만

Catsmika
2018년 07월 09일 20시

서강

서녘하늘이노을그림자로

물들어갈때면

내그리운사랑

얼굴하나가득채우며온다

Catsmika
1992년 06월 16일 16시

알아?

멈춰서서

네가오길

기다리는

시간이난

정말싫다

Catsmika
2018년 07월 16일 10시

첫사랑

거 짓 말 널 그 렇 게 생 각 해

내 게 했 던 모 진 그 말 전 부

거 짓 말 이 라 는 거 다 알 아

Catsmika
2018년 07월 18일 22시

you & me

어디로가　　너에게로
도망갈까　　알수없어
쫓아와라　　용기내봐
거기있어　　손내밀어
웃기지마　　안아줄까
사랑할걸　　슬플거야
눈물주를　　눈감아줘
토할거야　　어디까지
바라볼게　　마음깊이

Catsmika
2018년 07월 27일 23시

슬프다한들

그대가온다멀어진날함께
흩날리다못해휘몰아친날
무거운시간에흐르다지쳐

어떤이야길해줄건가그댄
터벅터벅소리내어걸어간
네겐떠나간연민이되겠지

내게서멀어지더라도그댄

귓불을타고흘러드는순정

Catsmika
2018년 09월 06일 14시

청명 아오이소라

가야할까모르겠지넌모르니

가야겠다고말한네가누굴까

아름답다고말한소년은알아

눈물을뚝뚝흘리다지친녀석

어디로든문을열어네게간다

웃어줄미련따윈없어도된다

가슴가득터지도록남았는데

말하지않아도알수있는너다

Catsmika
2018년 09월 10일 22시

첫눈내린첫사랑

그런기분알아숨쉬기어려운

다리까지풀린거야아픈거야

마주친눈인정했다졌다는거

Catsmika
2018년 09월 13일 10시

늑대소녀와개놈

이유를알수없을까두렵다했소

보여줄수없다해서상심하셨소

오뉴월장마가길다지만견디면

때아닌바람에비가그치겠구려

하늘화창한날빛발날리는여우

비에젖은댕기가눈에들었으니

동짓날팥죽쑤는개가되려하오

Catsmika
2018년 09월 15일 04시

if me

항상그러지넌나에게는

거기까지가어디까지야

다가오려면거기서멈춰

손도대지말았어야했어

어려울거없지멀어질걸

넌여기까지가전부니까

아프다밀어낼거라그래

눈물흘려야하니슬프다

Catsmika
2018년 09월 19일 20시

이제내게말해줄겁다

어디쯤일까얼마만큼멀어진걸까
그때부터넌나를얼마만큼밀었나
기억이끝난아침떠난모습이보여
멈춰서서난하나도보내지못한걸
얼굴하나하나널그릴수있는아침
바람이왜그리운설레임인지배워
눈감을수있는순간도아까웠는지
널보내고아무것도할수없었던날
따라갈수없던내가할수있는일은
멍하게널기억하고숨을쉬는것뿐
아프다아프고아파질것을아파한
눈물이행복을먹어저미는가슴만

Catsmika
2018년 09월 20일 22시

부러질손모가지내거

안아달라는게아니잖아그렇게

날어려운듯힘들게바라본거야
아픈거알아달라투정부리는걸

아주가깝게다가올것처럼그래
속상하게거짓인걸알아서슬퍼

달려나갈거라참고있는건알아
눈감고입다물고우는건데몰라

손잡았다고내손목네거아니다

Catsmika
2018년 10월 08일 22시

가야겠구나그런

멈추고한번만돌아서가줄래

네가가는그길에내가없잖아

뻔하게날바라보라고하잖아

슬픈거야아픈거야멍한거야

거기까지야나아갈수없게해

내가잡아줄수있게손내밀어

이쁜걸잡아야네가행복하지

Catsmika
2018년 10월 10일 22시

소담한걸

어떤거같아네가보는나는

눈물을보여야무너질거야

아파야하는거라어렵다구

피를흘려야마음편하겠지

행복은느껴야행복이라구

사랑한다면사랑을해주라

소담하게핀꽃처럼고운년

Catsmika
2018년 10월 17일 19시

닭이울기전에간빠이

버린거랑까인거랑

아주머니는알아요

나는아저씨라몰라

어떤건지알수없지

사랑에목메어울고

그리운건지모를맘

아파라날미치게해

조용하게바라본널

눈물가득참아내며

입술가득술을마셔

Catsmika
2018년 10월 17일 23시

신촌빨갱이

무너진가슴을안고그렸던색

처음부터널본건아니지만난

널그릴수있어한가지만봤다

슬픈건아니지만마음이아파

알순없지만잘한다말해줄걸

이뻐라말해도모자른마음은

그릴수있어너에게로간연정

Catsmika
2018년 10월 26일 21시

잘했다

1

이별하길
잘했다
이별하지
않았음
몰랐겠지
사랑한
아름다움

2

떠나고난뒤?
네가나에게?
내가너에게?
사랑했던걸?
미워하는걸?

어떤걸말해?

살아남은걸!

Catsmika
2018년 11월 13일 21시

광년이는날알아볼까

알아줄까모르겠지만나는

가끔하늘을바라보면알아

사랑했다는걸잃었나봐넌

언제였는지모를시간에난

네가바라볼하늘에감춰둔

이야기를흘리고기다리지

미친년머리꽃은웃으라고

네게꽃아준게아니라는걸

알수없을테니떠난거지만

Catsmika
2018년 11월 17일 23시

미시령너와함께한첫눈이내리네

네 가 숨 쉬 던 그 곳 을
눈 감 고 바 라 본 하 늘
아 파 야 느 낄 수 있 나
숨 을 멈 추 고 불 러 내
가 야 했 는 지 물 었 어
누 구 에 게 기 도 해 야
널 알 수 있 을 지 알 아
달 이 가 득 찬 동 해 야
눈 이 내 게 올 까 설 악
바 라 본 구 름 가 득 넌
어 떻 게 날 사 랑 할 까
구 름 이 넘 지 못 한 널
미 시 령 가 득 그 리 지

Catsmika
2018년 11월 24일 23시

길가잖아보채지마라

토했어너무많이마셨나봐
업어줄거지미치게할라구
사랑한다구해놓곤쌩까냐
좋아서죽겠다더니어쩌니
이깟걸로날멀리해잡놈아
아프다아프고아파서누워
널위해배려한내가미친년
바람한가닥날잡아날려준
넌날기억나지않게버렸지
햇살풍요로운아침울었다
싫증나서버린인형인거냐

Catsmika
2018년 11월 26일 20시

난참순수한년인데

안간다그랬잖아요
혼자두고는절대로
믿어달라했잖아요
거짓말할줄모른다
날보며말했잖아요

어쩌시려구그래요
바람같은맘잡으려
무슨짓했는지봐요
파마랑염색도하구
허벅지도다깠는데

여시같은죽일년만

마음에담았잖아요

Catsmika
2018년 11월 27일 10시

이별그후내걱정

널 보 내 고 울 었 다

슬 퍼 서 가 아 니 라
외 로 움 이 겁 나 서

이 별 그 후 내 걱 정

생 각 나 지 않 을 까

두 려 운 게 아 니 라

지 워 지 지 않 아 서

널 못 보 낼 까 봐 난

Catsmika
2018년 12월 03일 16시

떠난너에게

빌려줄수있을까넌너의어깨

어쩌겠어너밖에남지않은걸

Catsmika
2018년 12월 04일 20시

니가뭔데널감춰

눈물을얼마나흘린거야

모르는웃음으로감춘게

아픈걸속이니까기쁘지

화나서서운한것만보여

넌날사랑하지않아알지

포기할수없던기대감에

가슴속잡아논날버렸어

안다고볼수있는건없어

네가보여줘야알수있지

Catsmika
2018년 12월 11일 23시

가을바람을탄마누라

넌추풍의낙엽처럼
집을나간여인네냐

봄내음살랑거리는
벚꽃이피었건만넌
내가슴만후벼파고

아픔을버리려는난
눈물을옷소매끝에
매달고마음을숨겨

소주로다스린한숨

어른이되어내뱉은
눈물도모자른상심

Catsmika
2018년 12월 27일 17시

너는알거라더슬프냐

아이가물어
　　　　왜안오냐고
아이가보채
　　　　불러오라고
아이가울어
　　　　같이가자고

아이가앞장서집을나서
우리는멋진사나이라며
노래를불러달라고하지

손잡고즐거워한아이는
거짓말을한다엄마얼굴
기억나지않는걸감추고
엄마가사준신발을신어

다섯살짜리아들명랑아
모를거라생각해아빠가
네가엄마얼굴잃어버린
아픈아이가돼버린슬픔

그래조금씩만울어내렴

Catsmika
2018년 12월 03일 16시

늦봄에머물러

남자
♀
당신을처음본그때난웃었지

마치아껴논영화를본것처럼
팝콘에얼굴을묻고숨은건데
당신은날조용히안아주더군
잃어버린건지잊어버린건지

알고있는내용이두렵진않아

여자
♂
당신은날보고멈춰버린듯해

지나간누군가를생각나게한
멀리서부터알아볼수있었어
바보같던날흔들어무너뜨린
거절할수없었지안아줘야해

떨고있는걸느껴날알아볼까

Catsmika
2019년 01월 10일 20시

늦여름이끝나

남자♀

당신을보내고가만히앉아서
창밖으로스치는얼굴을봐요

당신이선물한빨간스카프가
힘없이축늘어져날붙잡네요

눈물에지친속눈썹은슬픈데

난어디까지바라봐야하는지

물어볼수없잖아요당신에게

하루를가득채워생각할당신
너무빨리지나가는군요세월

아름답던날당신은웃었어요

오늘이아니어서슬퍼졌지만
눈물은날위로하지못하네요

고개를묻고참을거라는다짐
지킬수없는내약속을믿나요

어여쁘게웃을게요날봐줘요

언제였는지당신을기억해요

나는남은걸까요떠난걸까요

Catsmika
2019년 01월 13일 00시

초가을이온다

여자♂

“난널잡을수없어이유를몰라
널두고뒤돌아걸어갔던그길
노랠불렀어울음소릴들킬까
하늘은여전히파랗고차가워
돌릴수있는시간은가고있지
난널잡을수있는방법을몰라
이대로걸어가야만하는지도
널바라보는차창안으로스친
울지않더군잘참아내고있어”

떠난건지보낸건지모를시간
그곳에멈춘당신과난기다려

헤어지던날우리둘은그랬나
홀로남은지금보단행복했을
그래둘이었으니슬프진않아

처음으로돌아가웃고싶은밤

널떠난길인데난남은거더군

Catsmika
2019년 01월 13일 00시

당신에게묻는걸알겠지

떨려요목소리만생각했는데

가만가만하나씩생각을들춰
날가둬둔상잘열어보내줘요

난아직그런가봐요멍청해서

당신은항상웃어요아름답죠
내가떠나지못하는이유인데
지우지못할진실이라아파요

가끔누굴사랑하는지물어요
저인지당신인지헷갈리니까

Catsmika
2018년 02월 01일 10시

맘충(믿기지않는안타까움)

당신은아파슬픈거야

나를미워할순있어도

아이한테그럴순없지

어쩌다그런거지알아

실수는잘못이아닌걸

당신은슬퍼아픈거야

Catsmika
2019년 02월 16일 23시

눈내리는춘삼월

웃을까가을추수전떠난님
보리꽃피면오신다했는데

배꽃화사하게날반기는날
벚꽃인줄알았지내가그래

청보리는올라올줄모르고

Catsmika
2019년 04월 02일 19시

첫정

널 돌이켜 지금 생각해보면

나쁜 놈이 맞는데 난 오늘도

하염없이 용서하고 기다려

Catsmika
2019년 04월 12일 10시

잃었어서로를

바람이어서흘려보내고
햇빛이어서눈감아버린
물결로스치던것도몰라

왔다갔는지모를당신은
날알아봤을까먼저와서

Catsmika
2019년 05월 02일 10시

너를잃어버린오늘

내 어 놓 은 좋 지 못 한
소 릴 주 워 담 지 않 아
보 지 말 아 야 할 것 과
듣 지 말 아 야 할 것 을
구 분 하 지 못 한 대 가

Catsmika
2019년 06월 25일 10시

기방도령

매일매일아이처럼사람을그리워해

일흔잔치에윤회매소녀를보고서야
마음이여린사내의기억을만났구나
동지섣달화톳불마냥마당에내질러
지나간구름을그리듯생각해보지만
마음한편자리잡은시간은거기없어

매화가떠나고목련이울면벚이오지

Catsmika
2019년 08월 24일 17시

갈길이면

바람이불어온다는건
너에게기회가생기고

바람이머문다는것은
네게서사랑이자라며

바람이지나갔다는건
네게그리움을남기지

그리고조용한날들이
계속되는무더운시간

넌어른이되어갈거야

Catsmika
2019년 09월 05일 11시

미시령

당신이불러온마른바람이
그밤날이곳에눌러앉혔지

어제같았던오늘기억할까
고개너머환하게빛나던봄
볼수없다고믿었건만너는

오늘이어제가되던시간에

어제가오늘같은줄알았지

바람이넘어온고갠막혔어

Catsmika
2019년 11월 22일 20시

물어본걸까

어제였어내가웃었던시간

오늘은웃을수있을까네가

한동안웃을수없었던우리

내가너랑헤어질수있을까

Catsmika
2020년 01월 04일 22시

westsea eastsea

내가있는곳에선해가뜨는데
네가있는곳에선해가지더군

북두칠성이바라본남십자성

만날수있을까어려운일이지

바람에날아간풍선마냥슬퍼

하노이친구에게가고싶은밤

Catsmika
2020년 02월 17일 16시

이제이야기를시작할까

어쩜그럴수있지사랑아

넌날기대하게하는마음

잡아둘수없는시간이된
바라보게만든추억이네

기억이흐른깊은밤눈물

그래그럴수있지사랑아

Catsmika
2020년 06월 20일 23시

그런걸까

제일행복했던시간널잃어버리고
날지나간시간에묶어감춰두었지

Catsmika
2020년 06월 20일 23시

초신성지나간자리

마음깊은곳을

지나간당신은

너무선명하게

시간을잘랐지

슬픈생각에난

아무것도몰라

대답할수없어

하늘나라에선
밝던별이죽어

지나간자리는

시간이멈춘대

Catsmika
2021년 09월 25일 20시

다른길은없는데

다른걸아직모른다면

넌날이해하는거라고

길이다른곳으로가자

마주치지않는다우린

Catsmika
2021년 10월 20일 21시

놀고싶은거야?

넌나와의끝을항상바라지만

언제까지가끝일까겁이나지

미안해하지만미안하지않아

사랑하지만사랑할순없다며

바라보는것만으로도행복해

어쩜그리도그런거짓말을해

Catsmika
2021년 11월 18일 13시

사실

보 고 싶 어
울 고 있 지
널 그 리 고
날 지 우 고
널 지 우 고
날 그 리 고
널 보 내 고
날 만 나 며
사 랑 하 고
이 별 했 지
마 음 한 곳
사 실 나 는
거 기 있 어

Catsmika
2021년 11월 21일 13시

너무너무보고싶음

거기있어움직이지말고

다가갈수없을때멈췄어

가장기뻤을때난울었고

사랑한다는대답을들어

흐르는마음은안타깝다

어여쁜얼굴은잃어버려

잊혀진공간만들리는데

들을수없는고백만보여

생각해생각했어기억을

마음은들을수없는기억

알까들을수있을까우리

Catsmika
2021년 11월 21일 18시

불가능한

아무말도할수없었어
마음속에가득담고선
가슴이터져라참았지
네게줄상처를알아서
조용하게바라본그날
미안함에말하지못한
모를거라다행인거야

함께하는건불가능한
일이되어버린걸알아
난거짓말로널속이고
아프지않다웃었는데

아프다는말로네게서

멀어지는시간이왔네

불가능한시작에아파

Catsmika
2021년 11월 21일 21시

재혼

불혹의나이라상처에강하다?

개나줘버려

너무아프다
더아프다구
눈물은그냥

내거아니다

Catsmika
2021년 11월 22일 18시

이야기를듣지말고봐주라

내가질척거려?
내가구질구질해?

나는너를보고있는건데

너는나를그렇게보는구나

Catsmika
2021년 11월 26일 12시

여사님아프지마라

갈거라했는데이제
기약도없는하루가
멀어서보이지않는
들을수있을까마음
아는거같은생각을
언젠지모를어릴적
생각을들려주려한

만약에우린만날까

Catsmika
2021년 05월 08일 21시

행복이된슬픔을

나그거알아행복

눈물나는일말고

사랑했던시간을

돌아보며갈곳도

머물수도없을때

당신이사라진걸

모르고서성이며

나지막이불러서

찾는이름이란걸

Catsmika
2020년 12월 29일 22시

멋대로

가지말라던길을떠나는

어려운시간을갈거야넌
바라보지않으려하지마
눈으로바라볼수있을때
담아두고기억해야지널
가슴이뛰고숨이가빠와
이뤄낼수없는걸아니까
어려서생각한건아니니
찬바람에날린숨처럼가

멋대로온것처럼멋대로

Catsmika
2020년 12월 14일 22시

만날수있을까그날

자기야당신아넌

잃어버린하루와
잊어버린하루를
기억해야한다면
어떤걸고를거야
난둘다가질건데
버릴수없는하루
너와내가살았던
마음을다해봤지
어울려웃었던날

둘다버린걸알아

Catsmika
2021년 01월 02일 07시

양주사는유병섭님

덕정리그사람은내겐

너무늦게온건아니죠
너무빠른것도아니고

바람이데려온건세월
아직도생생한그얼굴

제이름은정숙입니다
스무살얼굴은없어도
향내는아직그대로인

어느햇살이고운아침
쪽진머리예쁘게빗고
환하게웃으며만나요

칠십번성탄절의첫눈

Catsmika
2021년 12월 01일 08시

(김정숙님의소중한감정을나눠주셔서감사합니다)

어려운거야그렇지?

그럴거야그렇게할거야

말할수없어관심이없다

내마음은헐었어무서워

말해주면알아상처를줘

거짓말로기쁨을만들어

날사랑하게했지어려워

Catsmika
2021년 11월 21일 13시

눈길

날 쳐 다 본 거 야
느 낄 수 있 었 어
내 등 이 다 탔 다
아 프 다 말 했 어
넌 웃 어 줄 거 야
난 기 쁘 다 행 복

사 랑 해 사 랑 해

좁 디 좁 은 산 길
육 공 트 럭 알 아
갈 수 있 는 건 나
죽 을 거 같 은 날
부 르 릉 부 르 릉
기 다 려 밥 이 다

죽 지 않 고 간 다

Catsmika
2021년 11월 28일 20시

맞는거같아사랑?

사랑은마음을잡아기쁘게하고

사랑은마음을놓아슬프게한다

사랑은마음을주어기대하게하며

사랑은마음을헤집어설레이게한다

또한
사랑은마음을내주어위대하게한다

Catsmika
2021년 11월 29일 04시

걱정하지말라고했어

마음이아파서괴로운것이아니고

괴로운것때문에마음이아픈거야

다가오기전에다가가기전에물어

하루온종일진심이진실이된건지

Catsmika
2021년 11월 30일 14시

두려움이클까무서움이클까

나는언제나네가떠날까봐두렵다

이미떠나고없는넌데나는무섭다

나는처음으로달려가는게두렵고
너는끝을향해달려가는게무섭다

매일매일하루를잃는건더무섭다

Catsmika
2021년 12월 03일 10시

내남친은시한부인생을사는여친이있다

'나는처음으로당신때문에살고싶어졌고
당신은처음으로나때문에죽고싶다했다'

Catsmika
2021년 12월 03일 18시

과 음 하 신 남 친 님 께

넌 나 를 참 잠 못 들 게 한 다

새 벽 별 보 는 게 니 취 미 냐

살 았 으 면 톡 해 죽 었 어 도

Catsmika
2021년 12월 05일 04시

심장소리를멈춰줘

감정없는너의목소리도

누군가에겐사랑이되어

그사람을병들게하는데

아무렇지않은듯안는널

바라보는게난걱정된다

나의심장소리가빨라져

Catsmika
2021년 12월 05일 09시

프로포즈

나는○○○가좋다
웃고떠들고춤추며
야한농담을던지는
육덕진모습의그녀
거친듯온화한웃음

어딘지모르게감춘
진실의방에선자유

누가들어온다몰래
도둑처럼소리없이
날전부먹어버리려
혀짧은소리를낸다

결혼해달라고할까
죽일거라는애교로
이쁘게묻어줄사람

결혼해달라고울까
찌질한건한번인데
줘터져야그만두지

싸다구로불어터진

다음날아침의나를

만나고싶진않기에

오늘조용히웃는다

시간흘러가는대로

자연스럽게최대한

쌍가락지는받을까

Catsmika
2021년 11월 25일 03시

나는네가정말좋다

당신을처음봤을때울고있었지
떠나간사랑에대한서러운작별

잘했다고말해줬었어담담하게

눈물은마를거니힘을내라했다

그리고이제나의눈물이시작돼
다가올사랑에대한너의고백에

'이렇게만난거야○○○를
그러니이젠내가웃어줄게
가을이가고있지만행복해'

Catsmika
2021년 12월 04일 08시

두려워서그런거니

왜그렇게감춘거야넌도망가

나를유혹하고무서웠던거지

마음이가는대로움직이는게

익숙하지않겠지만넌알잖아

가만히조신하게다가오잖아

사랑을해마음가득행복하게

네마음이숨기더라도진심을

Catsmika
2021년 12월 09일 00시

남겨두지말아야시작할수있다

나랑찍은사진은하나도없고
아는동생과스티커사진찍고
톡보내도기본은세시간이고
쉬는날이면나는집에서놀고
아는동생은밥사주러다니고
나는일만시키고얼굴도못봐
나는지금뭐하고다니는거야
사랑받고싶다는게잘못이야
내가어머님하고사귀는거야
사랑하면그러는거아니야넌

너의대답은

톡으로내게보낸
ㅗ

이건욕이지
어이상실

넌뭐하는사람이냐

Catsmika
2021년 12월 05일 22시

복수

마음이칼을품는다

칼을품은마음은날

심장부터조여오고

느리게펌프질한다

너를죽일것인가는

내가가진아름다운

증오심에기초한다

Catsmika
2021년 12월 09일 18시

연날리기

나는
연을날려보았다

쌍연을날렸다
또
개쌍연도날려보았다

끈떨어진연을날려보니

이제야비로소

난

방패연을날릴수있게되었다

Catsmika
2021년 12월 08일 11시

다음이야기

난
나는
슬프지않다
이제한고비를넘어
이다음번이야기는무얼까
어떤이야기를써나갈지모른다
이야기를쓰지않았다는건행복인건데
더이상쓰고싶지않은이야기는그만두고싶다

Catsmika
2021년 12월 08일 07시

위로

내마음은내가잘알아

상처를터트려알려줘
그곳에있는진심을넌
꺼내지않아도괜찮아
잘못은없어서로에게
악수를하지못했을뿐
등을돌리고숨지는마
따스함이줬던행복을
넌아직도내게주는데

인색하지않았으면해

Catsmika
2021년 12월 11일 12시

온다부고슬픔

쓸쓸하네기쁘다이기분

참을수없을거란두려움

젖어들지못하게막아야

가깝게다가온다여러번

버텨내야할까봐거절해

두근거리는걸느끼지마

잡지못할까두려운거야

놓아주어야내가사는길

숨구멍하나하나모두다

숨쉬는걸멈춰야알았지

엄마야나좀바라보지마

Catsmika
2021년 12월 11일 23시

떠난놈에게보내는서시

대답하지않았으니
물어보지않았을뿐

당신이나제잘못은아니죠

저의조건은이거예요
손내밀어잡아줄테니
나에게입맞춤해줄래요
뺨때리지않을건가요
입맞춤해보면알수있겠지만
내가당신에게반한건
그누구와도다르기때문이에요

나에게청혼하실건가요

저의대답은
좋아요입니다

나는당신의신념이좋아요
그신념으로날선택할테니

나는당신의신중함이좋아요

나는당신의입맞춤이좋아요

Catsmika
2021년 12월 12일 11시

Dia

너
나를
힘내서
안아줄거면
한번더입술을
피가나도록깨물어
그게더우리에겐어울려
두손꼭잡아줄수있는시간에넌
내마음을열어가슴을먹고웃어줘라
달려어서달려내엉덩일때려서
저멀리아득하게먼곳으로
우리둘함께서로
눈못뜰정도로
사랑을해
지금
넌

Catsmika
2021년 12월 12일 12시

다섯살의너에겐항상미안해

늦지않게갈거라약속해
잃어버린시간이너에게
가기전에내가지켜줄게

네가무엇이되었든나는
항상여기에서기도할게

가슴에품어
심장이멈춰
눈물이나도

나는

마음가득너의엄마니까

뿌미야

Catsmika
2020년 07월 25일 23시

(김시내님의소중한감정을나눠주셔서감사합니다)

금은보화

누군가에게 필요 없는 사람이
누군가에게는 절실한 사람이 된다
그리고 누군가에게 필요한 사람이
누군가에게 필요 없는 사람이다

아트루
2021년 11월 26일 22시

(참고로 아트루는 카츠미카의 아홉 살 분신이다)

웃어줘

아프지말아야지
나는또그럴까봐
생각나는데이제

기억하며
울지않으려고해

만나러갈거야
씩씩하게살았다고보고싶었다고
항상그랬던것처럼

맛난거먹으러갈까

눈물나지않는데
눈앞이흐려지는건
보고싶어서인지
내앞을더이상밝혀주지못해서인지

보고싶은건보고싶은건데

말안해도알아

엄
마

Catsmika
2021년 06월 21일 14시